AF195052

Impressum
Verlag: BABADADA GmbH, Nedderfeld 112 , 22529 Hamburg
Geschäftsführer / Verlagsleitung: Harald Hof
Druck: Books on Demand GmbH, In de Tarpen 42, 22848 Norderstedt

Imprint
Publisher: BABADADA GmbH, Nedderfeld 112 , 22529 Hamburg, Germany
Managing Director / Publishing direction: Harald Hof
Print: Books on Demand GmbH, In de Tarpen 42, 22848 Norderstedt

el colegio
makaranta

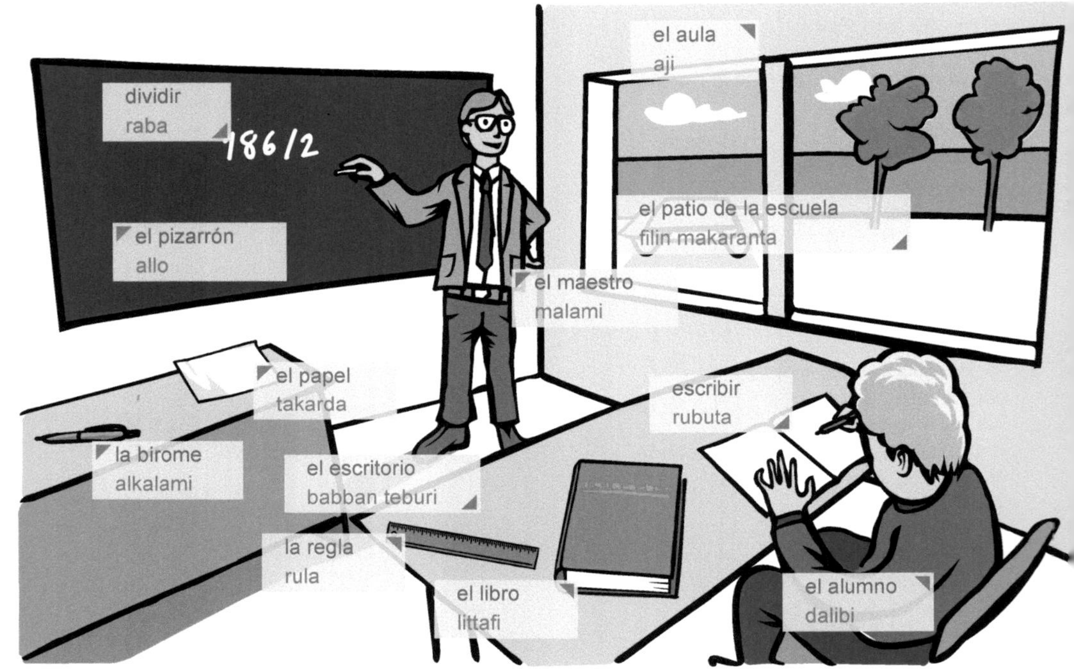

el aula
aji
dividir
raba
186/2
el pizarrón
allo
el patio de la escuela
filin makaranta
el maestro
malami
el papel
takarda
escribir
rubuta
la birome
alkalami
el escritorio
babban teburi
la regla
rula
el libro
littafi
el alumno
dalibi

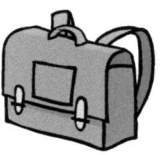

la mochila
jakar makaranta

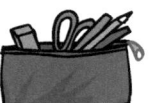

la caja de lápices
gidan fensir

el lápiz
fensir

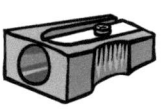

el sacapuntas
abin fike fensir

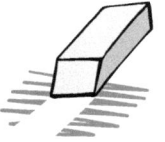

la goma (de borrar)
kilina

el bloc de dibujo
kwalin zane

el dibujo

zane

el pincel

burushin fenti

la caja de pinturas

gwangwanin fenti

la tijera

almakashi

el pegamento

gam

el cuaderno de ejercicios

littafi aiki

la tarea

aikin gida

el número

lamba

sumar

kara

restar

debe

multiplicar

yi sau

calcular

kwakuleta

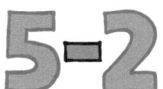

la letra

wasika

el abecedario

harafi

la palabra

kalma

el texto

rubutu

leer

karanta

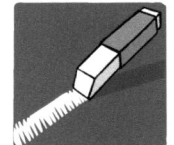

la tiza

alli

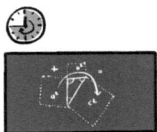

la lección

darasi

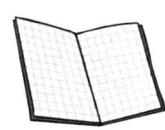

el cuaderno de clase

rijista

el examen

jarabawa

el certificado

satifiket

el uniforme escolar

kayan makaranta

la educación

ilimi

la enciclopedia

kundin ilimi

la universidad

jami'a

el microscopio

madubin kimiyya

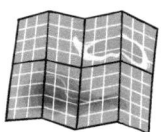

el mapa

taswira

el tacho (de basura)

kwandon shara

el viaje
bulaguro

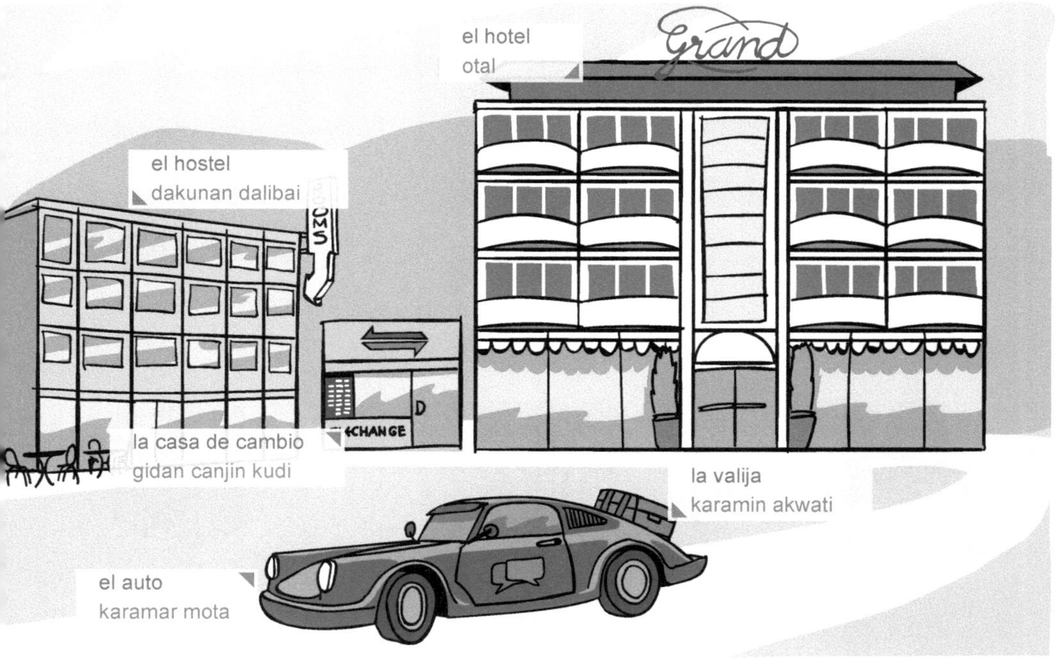
el hotel
otal
Grand
el hostel
dakunan dalibai
ROOMS
EXCHANGE
la casa de cambio
gidan canjin kudi
la valija
karamin akwati
el auto
karamar mota

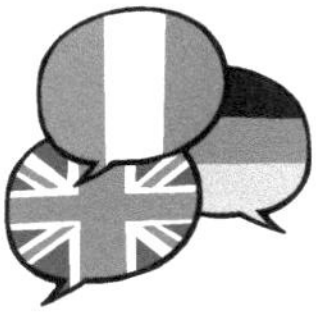

el idioma

yare

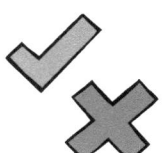

sí / no

e/a'a

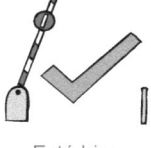

Está bien

Ya yi

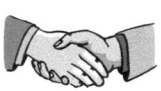

hola

barka dai

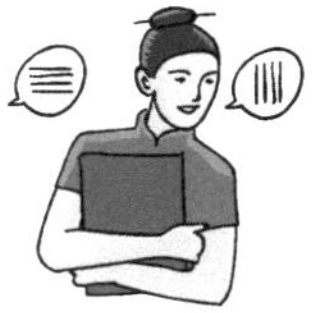

el traductor

mai fassara

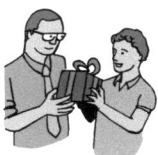

Gracias

Na gode

¿cuánto cuesta…?

nawa ne…?

No entiendo

ban gane ba

el problema

matsala

¡Buenas tardes!

Barka da yamma!

¡Buenos días!

Ina kwana!

¡Buenas noches!

barka da dare!

el adiós

sai an jima

la dirección

alkibla

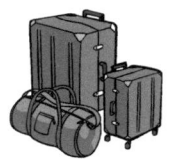

el equipaje

kaya

el bolso

jaka

la mochila

jakar goyawa

el invitado

bako

la habitación

daki

la bolsa de dormir

jakar barci

la carpa

tanti

la información turística

bayanin dan yawon bude-ido

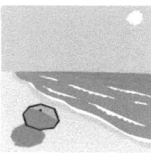

la playa

bakin ruwa

la tarjeta de crédito

katin banki

el desayuno

karin kumallo

el almuerzo

abincin rana

la cena

abincin dare

el pasaje

tikiti

el ascensor

daga

el sello

hatimi

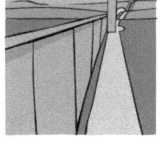

la frontera

iyaka

la aduana

kudin fiton kaya

la embajada

ofishin jakadanci

la visa

biza

el pasaporte

fasfo

el transporte
abin hawa

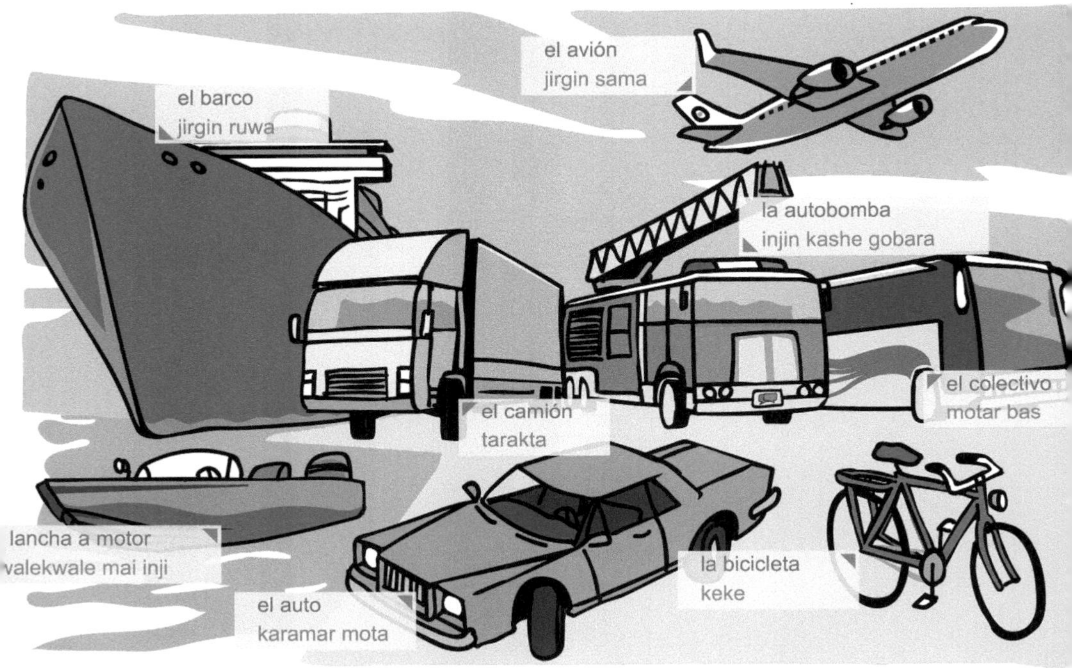
el avión
jirgin sama
el barco
jirgin ruwa
la autobomba
injin kashe gobara
el colectivo
motar bas
el camión
tarakta
lancha a motor
valekwale mai inji
la bicicleta
keke
el auto
karamar mota

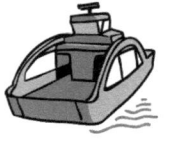

el ferry

karamin jirgin ruwa

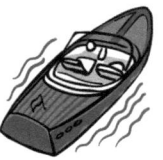

el bote

kwalekwale

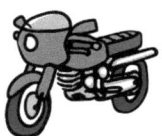

la moto

babur

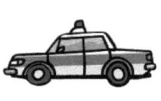

el patrullero

motar 'yansanda

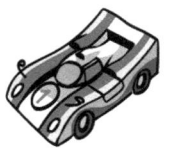

el auto de carreras

motar tsere

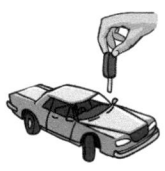

el auto de alquiler

motar haya

el alquiler de autos

tarayyar karamar mota

la grúa

babbar mota da ta lalace

el camión de la basura

motar shara

el motor

mota

la nafta

mai

la estación de servicio

gidan mai

la señal de tránsito

alamar titi

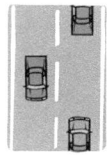

el tránsito

zirga-zirga

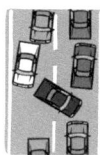

el embotellamiento

cunkoson ababen hawa

el estacionamiento

wurin ajiye mota

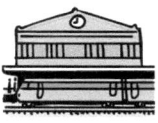

la estación de tren

tashar jirgin kasa

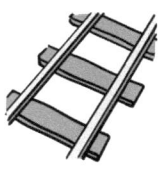

las vías

filin tsere

el tren

jirgin kasa

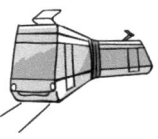

el tranvía

jirgin kasa mai kyabil

el vagón

keken doki

el helicóptero

helikwafta

el aeropuerto

filin jirgin sama

la torre

hasumiya

el pasajero

fasinja

.el contenedor

mazubi

la caja de cartón

kwali

la carretilla

amalanke

la canasta

kwando

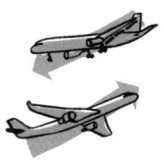

despegar / aterrizar

tashi / sauka

la ciudad
birni

el pueblo

kauye

el centro de la ciudad

tsakiyar birni

la casa

gida

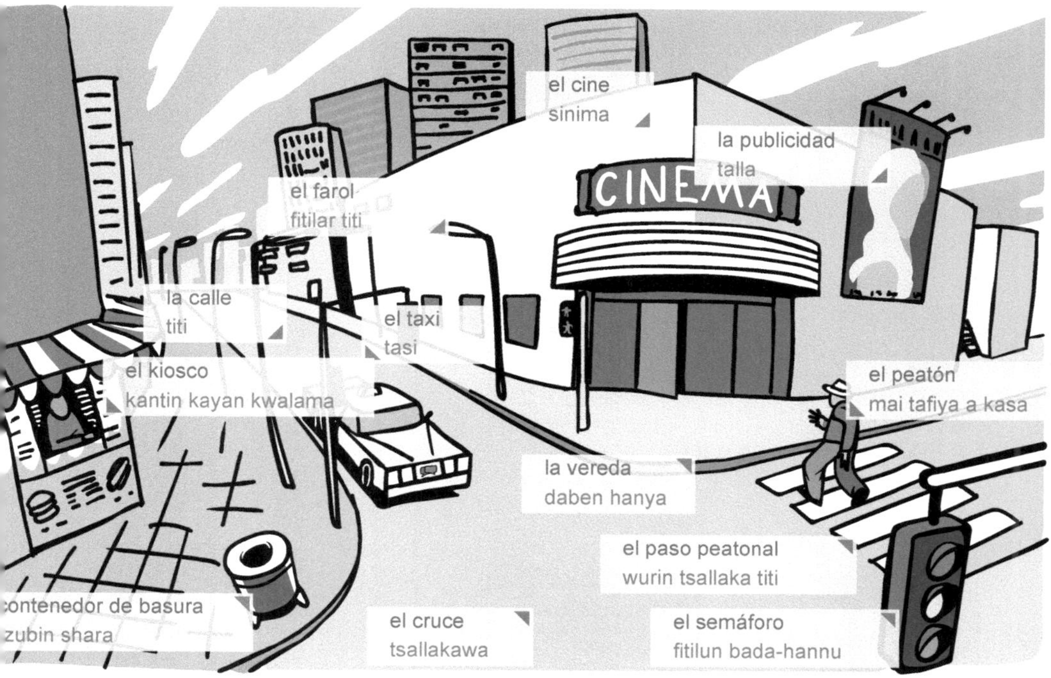

el cine
sinima

la publicidad
talla

el farol
fitilar titi

CINEMA

la calle
titi

el taxi
tasi

el peatón
mai tafiya a kasa

el kiosco
kantin kayan kwalama

la vereda
daben hanya

el paso peatonal
wurin tsallaka titi

contenedor de basura
zubin shara

el cruce
tsallakawa

el semáforo
fitilun bada-hannu

la cabaña

bukka

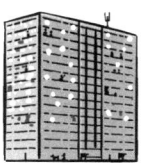

el departamento

shafaffe

la estación de tren

tashar jirgin kasa

la municipalidad

dakin taro

el museo

gidan kayan tarihi

el colegio

makaranta

la universidad

jami'a

el banco

banki

el hospital

asibiti

el hotel

otal

la farmacia

kantin magani

la oficina

ofis

la librería

kantin littattafai

el negocio

kanti

la florería

mai sayar da furanni

el supermercado

babban kanti

el mercado

kasuwa

las grandes tiendas

kanti mai sassa

la pescadería

shagon sayar da kifi

el centro comercial

wurin sayayya

el puerto

matsayar jiragen ruwa

el parque

ma'ajiyar motoci

el banco

benci

el puente

gada

las escaleras

kafar bene

el subte

karkashin kasa

el túnel

ramin karkashin kasa

la parada del colectivo

matsayar bas

el bar

mashaya

el restaurante

gidan abinci

el buzón

akwatin sakonni

el letrero

alamar titi

el parquímetro

mitar ajiye motoci

el zoológico

gidan namun daji

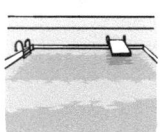

la pileta

kwamin iyo

la mezquita

masallaci

la granja
gona

la contaminación
gurbata

el cementerio
makabarta

la iglesia
coci

los juegos infantiles
filin wasanni

el templo
dakin bauta

el paisaje
fadin kasa

la hoja
ganye

el poste indicador
turken alama

el camino
hanya

la pradera
makiyaya

la piedra
dutse

el excursionista
mai tattaki

el árbol
bishiya

el río
korama

la hierba
ciyawa

la flor
fure

el valle

kwazazzabo

la montaña

tudu

el lago

tafki

el bosque

daji

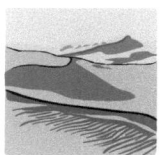

el desierto

hamada

el volcán

amon dutse

el castillo

fada

el arco iris

bakan-gizo

el champiñón

malafar jaki

la palmera

bishiyar kwakwar manja

el mosquito

sauro

la mosca

kuda

la hormiga

tururuwa

la abeja

zuma

la araña

gizo

el escarabajo

burgunguma

la rana

kwado

la ardilla

kurege

el erizo

bushiya

la liebre

zomo

la lechuza

mujiya

el pájaro

tsuntsu

el cisne

agwagwar ruwa

el jabalí

aladen daji

el ciervo

namijin barewa

el alce

kanki

la presa

dam

el aerogenerador

lantarki mai iska

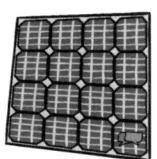

el panel solar

farantin hasken rana

el clima

yanayi

el restaurante
gidan abinci

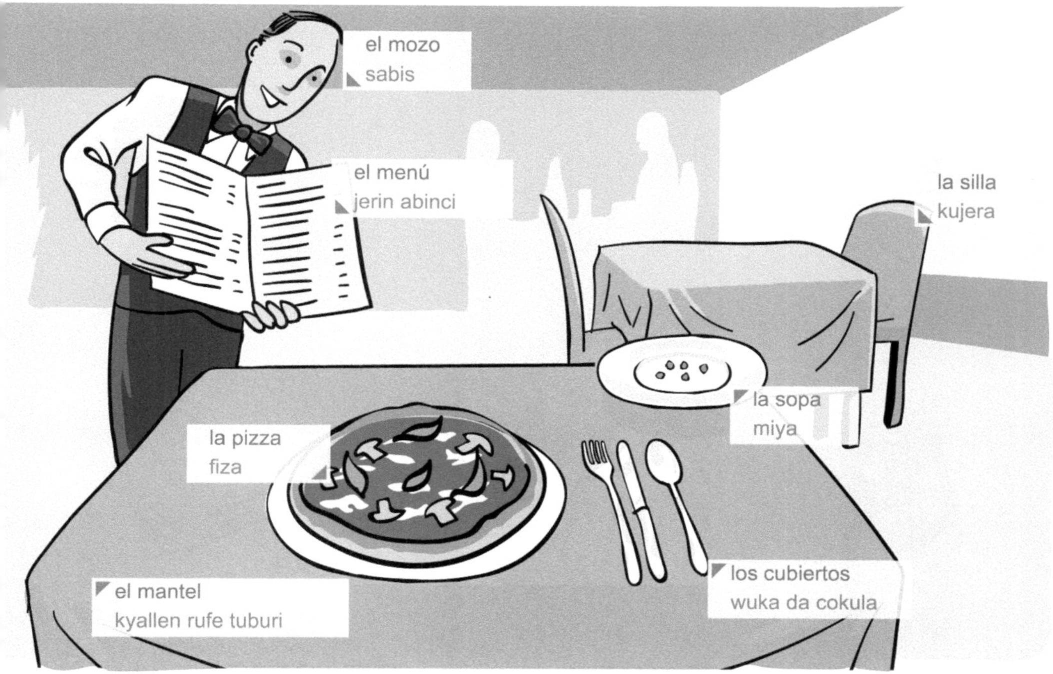
el mozo
sabis
el menú
jerin abinci
la silla
kujera
la sopa
miya
la pizza
fiza
el mantel
kyallen rufe tuburi
los cubiertos
wuka da cokula

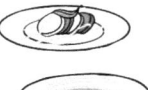

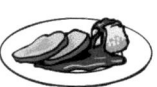

la entrada

makunni

el plato principal

babban abinci

el postre

kayan zaki

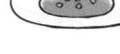

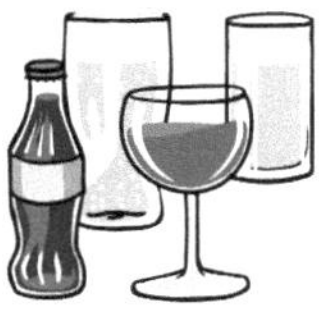

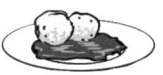

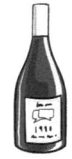

las bebidas

kayan sha

la comida

abinci

la botella

kwalba

la comida rápida

abincin tafi-da-gidanka

la comida callejera

abincin titi

la tetera

tukunyar shayi

la azucarera

kwanon sikari

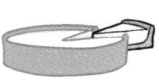

la porción

gutsire

la cafetera expreso

injin hada kofi

la sillita alta

kujera mai tudu

la cuenta

doka

la bandeja

tire

el cuchillo

wuka

el tenedor

cokali mai yatsu

la cuchara

cokali

la cucharita

cokalin shayi

la servilleta

kyallen cin abinci

el vaso

gilashi

el plato

faranti

el plato hondo

farantin miya

el plato

farantin kofi

la salsa

hadin dandano

el salero

mazubin gishiri

el molinillo de pimienta

abin nikan yaji

el vinagre

lamurje

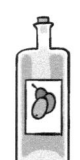

el aceite

mai

las especias

kayan dandano

el kétchup

miyar tumatir

la mostaza

mustad

la mayonesa

mayonnaise

el supermercado

babban kanti

la oferta especial
tayin musamman
FOR
el cliente
abokin ciniki
los lácteos
matatsar nono
la fruta
kayan marmari
el changuito
abin daukar kaya

BUTCHERS

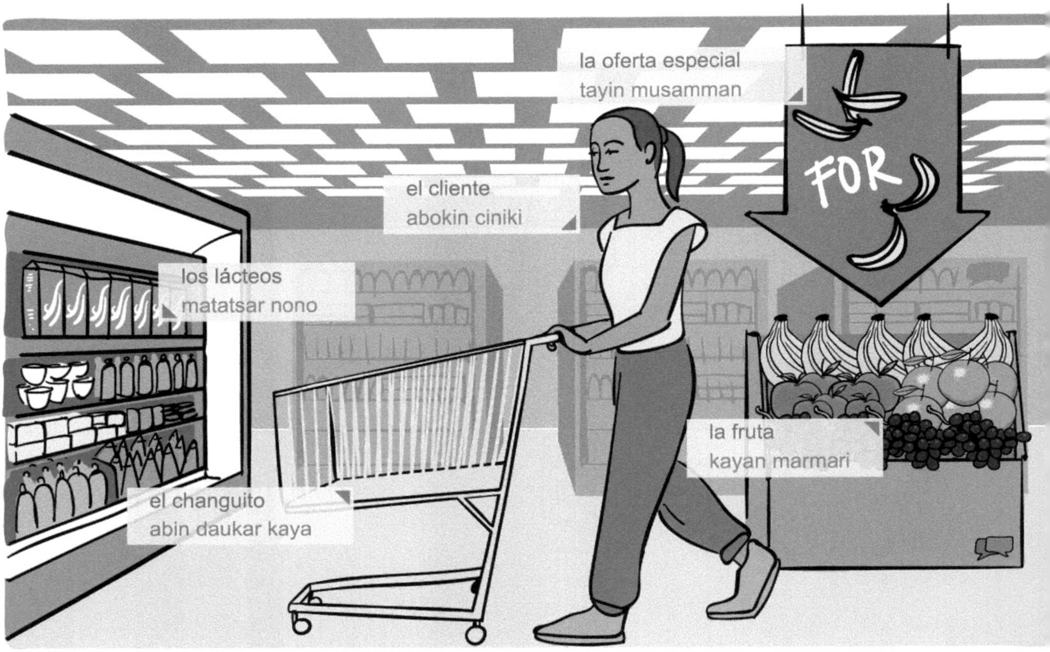

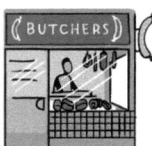

la carnicería

na mahauci

BAKERY

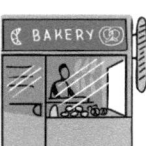

la panadería

shagon mai burodi

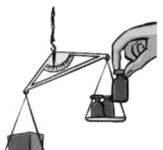

pesar

auna nauyi

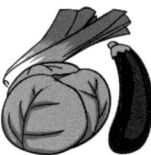

las verduras

kayan lambu

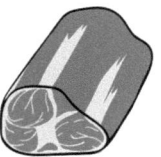

la carne

nama

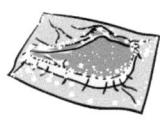

los alimentos congelados

darkararren abinci

los fiambres
....
nama mai sanyi

los alimentos enlatados
....
abincin gwangwani

el detergente en polvo
....
garin sabulun wanki

las golosinas
....
alewa

los electrodomésticos
....
kayan amfanin gida

los productos de limpieza
....
kayan tsafta

la vendedora
....
mai sayarwa

la caja
....
haro

el cajero
....
mai biyan kudi

la lista de compras
....
jerin kayan sayayya

el horario de atención
....
sa'o'in budewa

la billetera
....
alabe

la tarjeta de crédito
....
katin banki

la cartera
....
jaka

la bolsa de plástico
....
jakar roba

el agua

ruwa

el jugo

ruwan 'ya'yan itace

la leche

madara

la bebida cola

coke

el vino

barasa

la cerveza

giya

el alcohol

barasa

el cacao

koko

el té

shayi

el café

kofi

el café expreso

bakin kofi

el cappuccino

kofi mai madara

la banana

ayaba

la manzana

tufa

la naranja

lemon zaki

el melón

kankana

el limón

lemon tsami

la zanahoria

karas

el ajo

tafarnuwa

el bambú

gora

la cebolla

albasa

el champiñón

kunnen-jaki

las nueces

dangin gyada

los fideos

dangin taliya

los tallarines
....
sufageti

el arroz
....
shinkafa

la ensalada
....
man salak

las papas fritas
....
sala-sala

las papas fritas
....
soyayyen dankali

la pizza
....
fiza

la hamburguesa
....
hambaga

el sándwich
....
sanwich

el churrasco
....
kwan nama

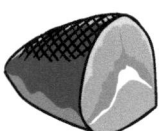

el jamón
....
naman alade

el salame
....
salami

la salchicha
....
kilishin turawa

el pollo
....
kaza

el asado
....
gashi

el pescado
....
kifi

los copos de avena

kamun oats

el muesli

muesli

los copos de maíz

kwamfiles

la harina

fulawa

la medialuna

fanke

el pancito

yankan burodi

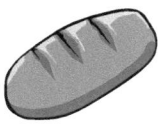

el pan

burodi

la tostada

gashi

las galletitas

biskit

la manteca

bota

la cuajada

man shanu

la torta

kek

el huevo

kwai

el huevo frito

soyayyen kwai

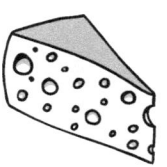

el queso

cuku

el helado

askirim

el azúcar

sikari

la miel

zuma

la mermelada

jam

la pasta de chocolate

cakuletin shafawa

el curry

kori

la granja

gona

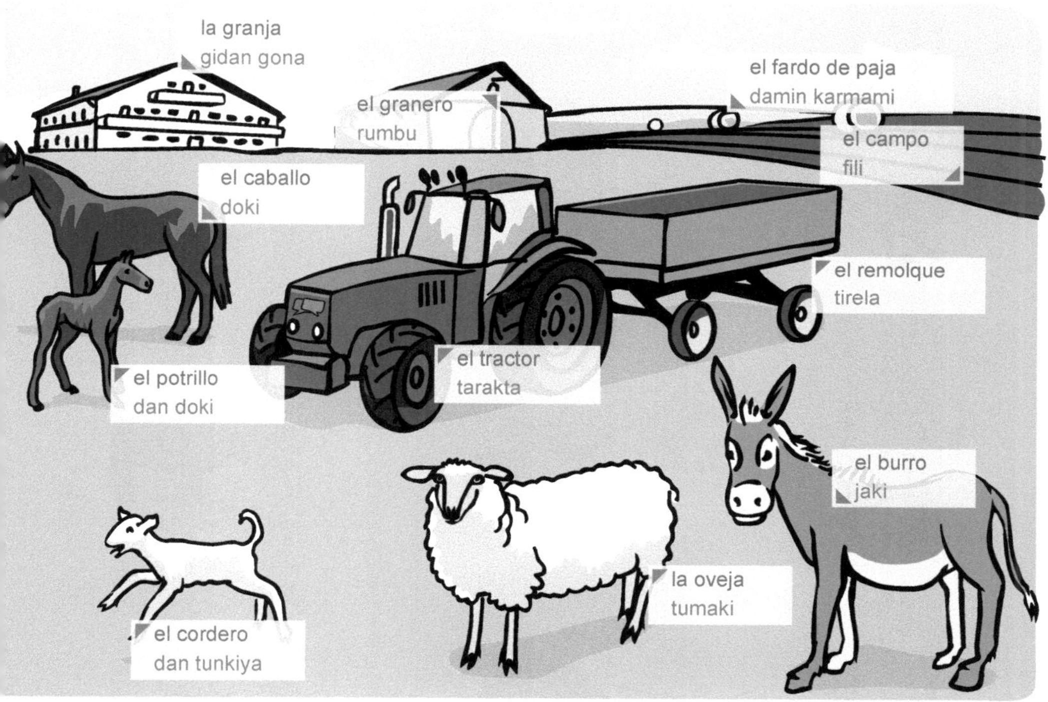
la granja
gidan gona
el granero
rumbu
el fardo de paja
damin karmami
el campo
fili
el caballo
doki
el remolque
tirela
el tractor
tarakta
el potrillo
dan doki
el burro
jaki
la oveja
tumaki
el cordero
dan tunkiya

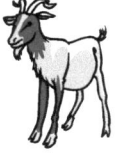

la cabra

akuya

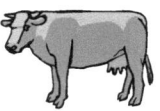

la vaca

saniya

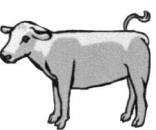

el ternero

maraki

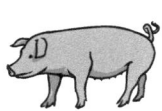

el cerdo

alade

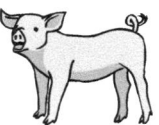

el lechón

dan alade

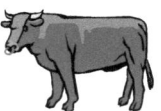

el toro

bajimi

el ganso

dinya

el pato

agwagwa

el pollo

dan tsako

la gallina

kaza

el gallo

zakara

la rata

bera

el gato

kyanwa

el ratón

bera

el buey

takarkari

el perro

kare

la cucha

dakin kare

la manguera

bututun lambu

la regadera

bokitin ban-ruwa

la guadaña

ashasha

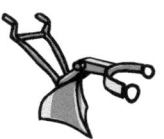

el arado

garma

la hoz
lauje

la azada
fartanya

la horquilla
cebur mai yatsu

el hacha
gatari

la carretilla
wilbaro

el abrevadero
mazubin abincin dabbobi

la lechera
gwangwanin madara

la bolsa
buhu

la reja
shinge

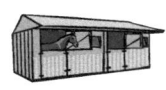

el establo
barga

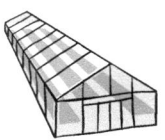

el invernadero
koren-gida

el suelo
rairai

la semilla
iri

el fertilizador
taki

la cosechadora
injin girbi da sussuka

cosechar

girbe

la cosecha

girbi

las batatas

doya

el trigo

alkama

la soja

waken soya

la papa

dankali

el maíz

dawa

la semilla de colza

furen mai

el árbol frutal

bishiyar kayan marmari

la mandioca

rogo

los cereales

hatsi

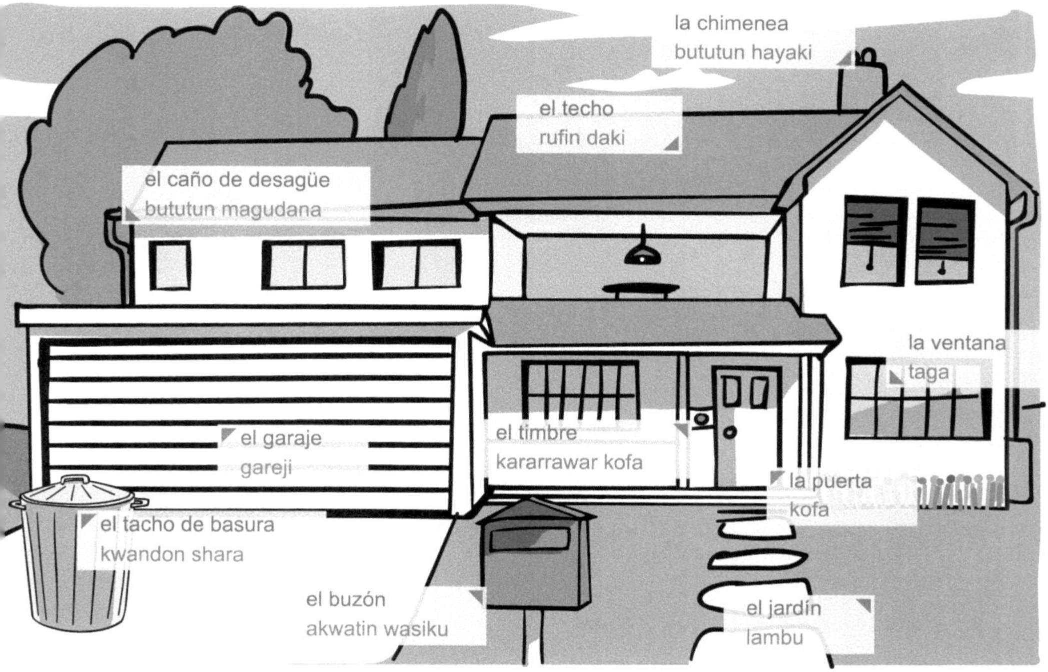

la chimenea
bututun hayaki

el techo
rufin daki

el caño de desagüe
bututun magudana

la ventana
taga

el garaje
gareji

el timbre
kararrawar kofa

la puerta
kofa

el tacho de basura
kwandon shara

el buzón
akwatin wasiku

el jardín
lambu

el living

falo

el baño

dakin wanka

la cocina

kicin

el dormitorio

dakin kwana

el cuarto de los chicos

dakin yaro

el comedor

dakin cin abinci

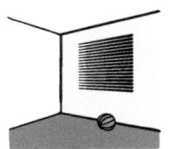

el piso

dabe

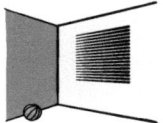

la pared

bango

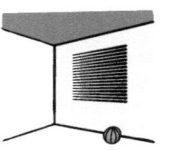

el cielorraso

sili

el sótano

dakin karkashin kasa

el sauna

wurin wankan dumi

el balcón

barandar bene

la terraza

baranda

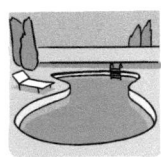

la pileta

gulbin ninkaya

la cortadora de pasto

injin yanke ciyawa

la sábana

kwano

el acolchado

zanen gado

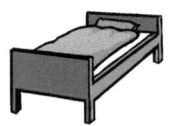

la cama

gado

la escoba

tsintsiya

el balde

bokiti

el interruptor

makunni

el living
falo

el empapelado
takardar bango
la imagen
hoto
la lámpara
fitila
el estante
kantar littattafai
el armario
kabed
la televisión
talbijin
la chimenea
wurin wuta
la flor
fure
el almohadón
kushin
el sofá
babbar kujera
el florero
gilashin fure
el control remoto
rimot

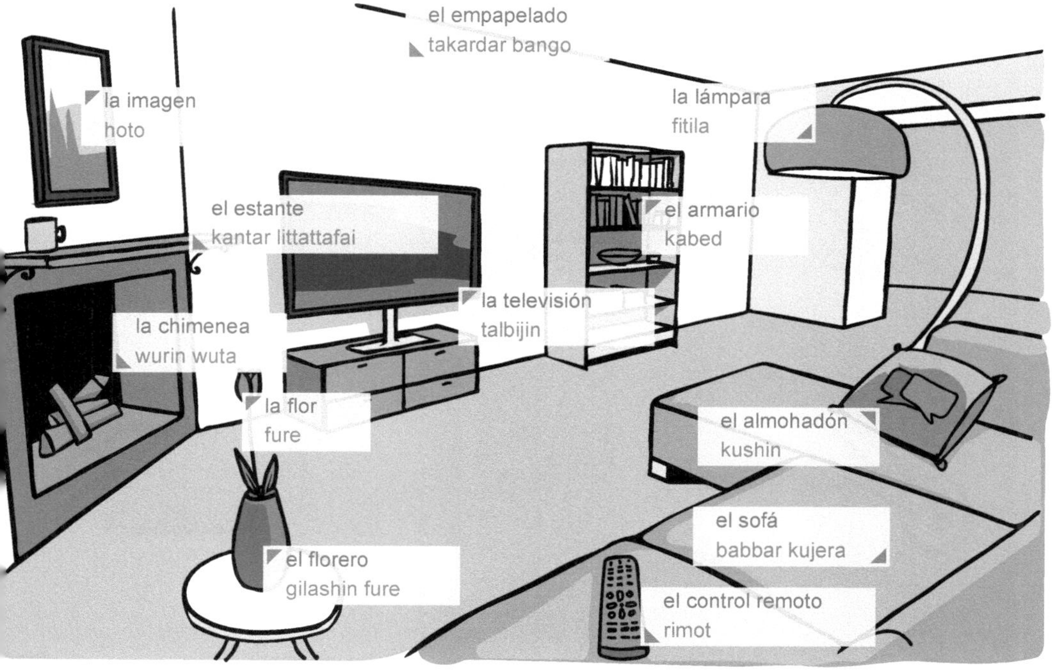

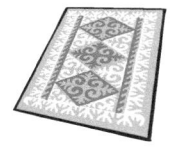

la alfombra

darduma

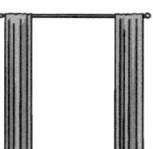

la cortina

labule

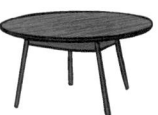

la mesa

teburi

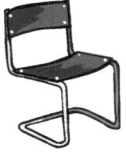

la silla

kujera

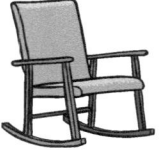

la mecedora

kujera mai shillo

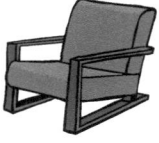

el sillón

kujera mai hannu

el libro

littafi

la frazada

bargo

la decoración

kwalliya

la leña

itacen girki

la película

fim

el equipo de música

kayan hi-fi

la llave

makulli

el diario

jarida

la pintura

zanen fenti

el póster

fasta

la radio

rediyo

el cuaderno

takardar rubutu

la aspiradora

na'urar share darduma

el cactus

murtsunguwa

la vela

kyandir

la cocina
kicin

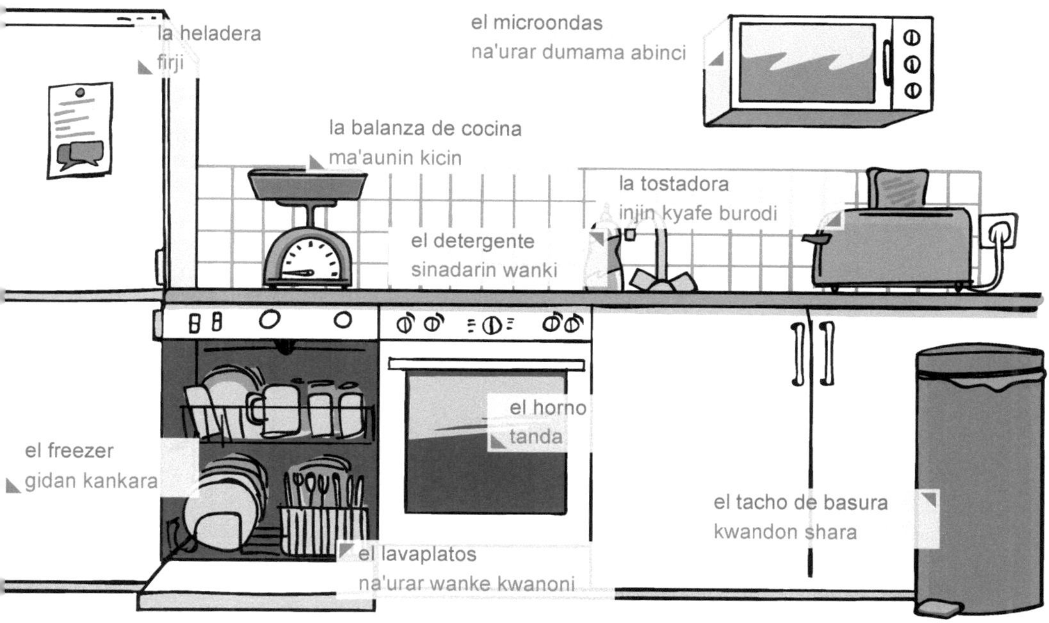

la heladera
firji
el microondas
na'urar dumama abinci
la balanza de cocina
ma'aunin kicin
la tostadora
injin kyafe burodi
el detergente
sinadarin wanki
el horno
tanda
el freezer
gidan kankara
el tacho de basura
kwandon shara
el lavaplatos
na'urar wanke kwanoni

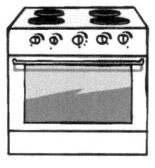

la cocina
cooker

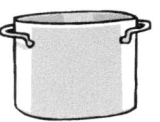

la olla
tukunya

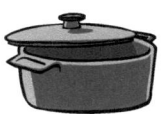

la olla de hierro fundido
tukunyar alminiyum

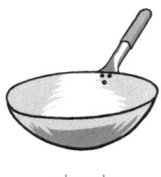

el wok
kwanon suya

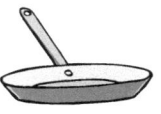

la sartén
kwanan suya

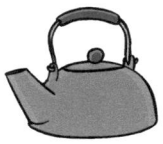

la pava
buta

la vaporera

tukunyar dumi

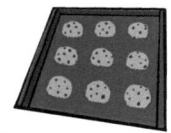

la bandeja de horno

kwanan gashi

la vajilla

kayan tangaran

la taza

tambulan

el bol

kwano

los palitos

tsinkayen cin abinci

el cucharón

ludayi

la espátula

ludayin suya

la batidora

makadin kwai

el colador

rariya

el colador

mataci

el rallador

na'urar nika

el mortero

turmi

la parrilla

balangu

la fogata

wutar sarari

la tabla de picar

katakon yanke-yanke

el palo de amasar

katakon murji

el sacacorchos

mabudin kwalba

la lata

gwangwani

el abrelatas

mabudin gwangwani

la manopla

hannun tukunya

la pileta

wurin wanke-wanke

el cepillo

burushi

la esponja

soso

la batidora

bilenda

el congelador

babban gidan kankara

la mamadera

bulumboti

la canilla

famfo

el baño
dakin wanka

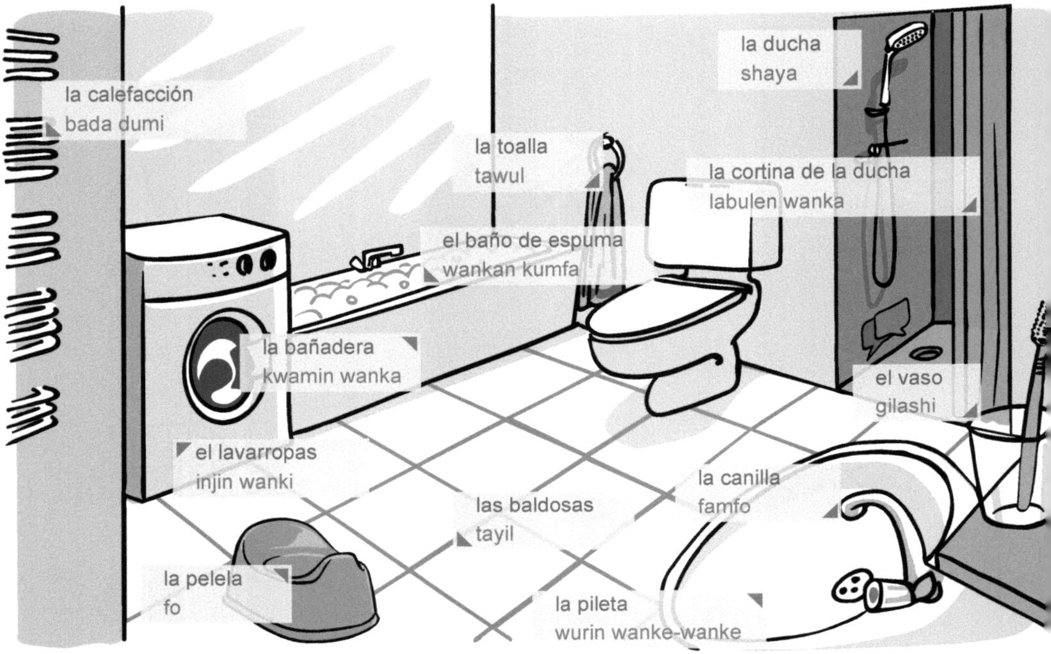

la ducha
shaya

la calefacción
bada dumi

la toalla
tawul

la cortina de la ducha
labulen wanka

el baño de espuma
wankan kumfa

la bañadera
kwamin wanka

el vaso
gilashi

el lavarropas
injin wanki

la canilla
famfo

las baldosas
tayil

la pelela
fo

la pileta
wurin wanke-wanke

el inodoro
bandaki

la letrina
bandakin tsuguno

el bidé
kwamin tsarki

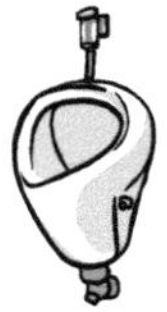

el mingitorio
wurin fitsari

el papel higiénico
takardar bandaki

el cepillo para el inodoro

burushin bandaki

el cepillo de dientes

burushin hakori

el dentífrico

man hakori

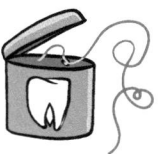

el hilo dental

zaren sakace

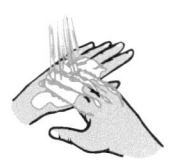

lavar

wanke

la ducha de mano

shayar hannu

la ducha higiénica

wankin farji

la palangana

kwamin wanke hannu

el cepillo para la espalda

burushin wanke baya

el jabón

sabulu

el gel de ducha

ruwan sabulun wanka

el shampoo

man gyaran gashi

la toallita

tsumman wanka

el desagüe

lambatu

la crema

kirim

el desodorante

turaren kamshi

el espejo

madubi

el espejito

madubin hannu

la maquinita de afeitar

reza

la espuma de afeitar

man yaran fuska

el aftershave

man aski

el peine

mataji

el cepillo

burushi

el secador de pelo

na'urar busar da gashi

el spray

man gashi

el maquillaje

kwalliya

el lápiz de labios

jan-baki

el esmalte para uñas

man farce

el algodón

audugar goge kunne

la tijera para uñas

almakashin yankan farce

el perfume

turare

el portacosméticos

jakar wanka

la banqueta

bahaya

la balanza

ma'aunin nauyi

la bata

rigar wanka

los guantes de goma

safar roba

el tampón

audugar haila

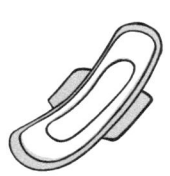

la toallita femenina

audugar mata

el baño químico

bandakin tafi-da-gidanka

el cuarto de los chicos
dakin yaro

el despertador
agogo mai kararrawa
el peluche
yartsanar tsumma
el coche de juguete
motar wasan yara
el sonajero
kara
la casa de muñecas
gidan 'yartsana
el regalo
kyauta

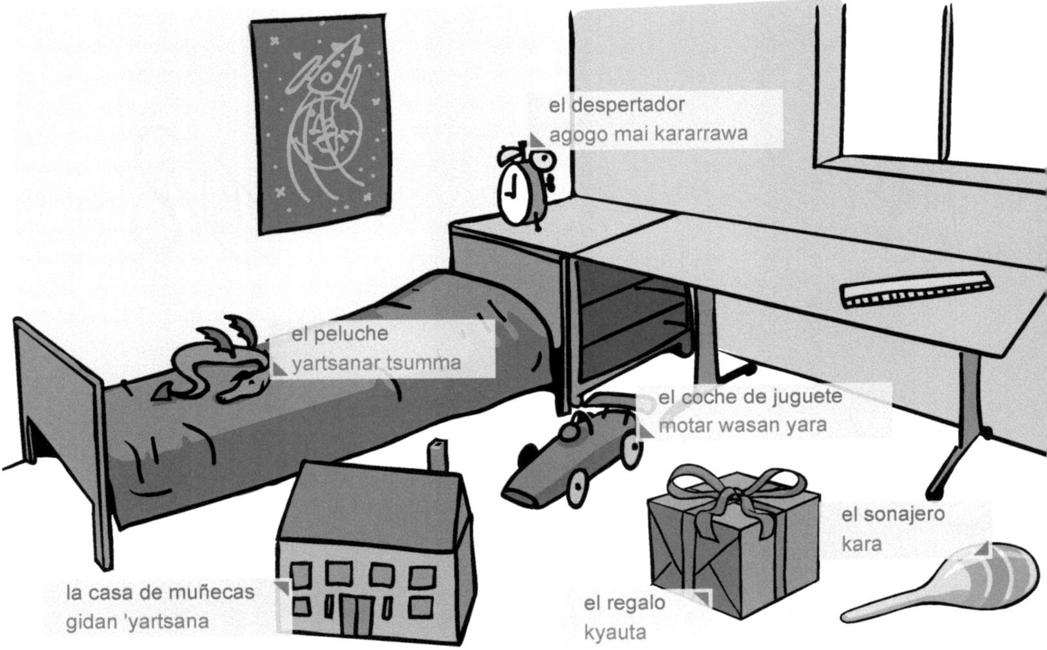

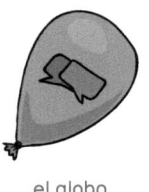

el globo
balo

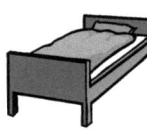

la cama
gado

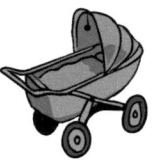

el cochecito
keken jarirai

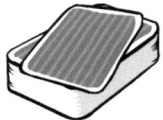

las cartas
benen kwalaye

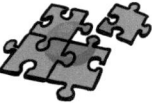

el rompecabezas
wasa kwakwalwa

SUPER MEGA

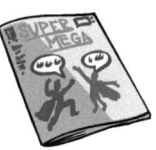

la historieta
ban dariya

las piezas de lego

tubalan roba

los ladrillos de juguete

tubalan gini

la figura de acción

mutum-mai-aiki

el enterito (de bebé)

rigar jariri

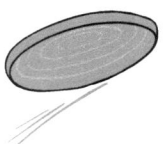

el frisbee

Dokin iska

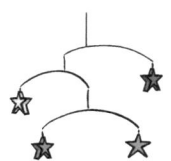

el móvil para bebés

tafi-da-gidanka

el juego de mesa

wasan dara

los dados

dan ludo

el tren eléctrico

zubin kwatancin jirgin kasa

el chupete

mutum-mutumi

la fiesta

walima

el libro de cuentos ilustrado

littafi mai hotuna

la pelota

kwallo

la muñeca

yartsana

jugar

yi wasa

el arenero

akwatin yashi

la hamaca

lilo

los juguetes

kayan wasan yara

la consola de videojuegos

allon wasannin bidiyo

el triciclo

babur mai taya uku

el osito de peluche

yartsanar tsumma

el armario

wadirob

la ropa
tufafi

las medias

safa

las medias panty

sitokins

las calzas

matse-jiki

la bufanda
adiko

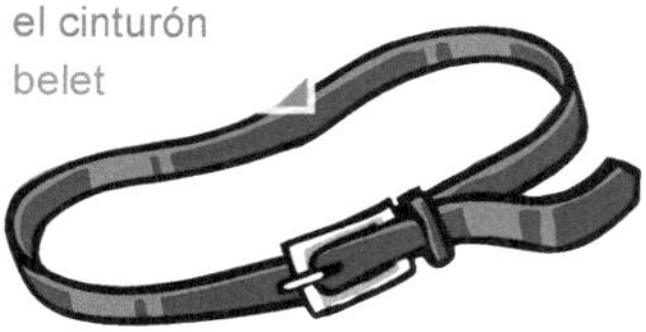

el paraguas
lema

la remera
t-shat

el cinturón
belet

las botas
takalman aiki

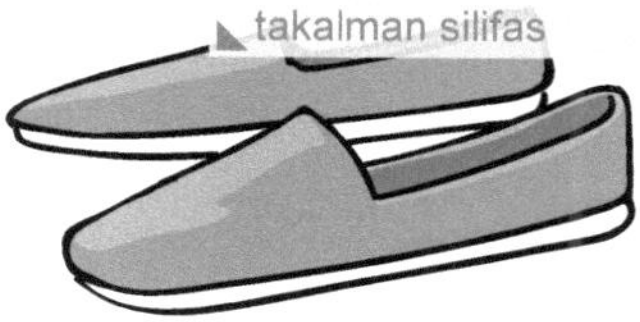

las pantuflas
takalman silifas

las zapatillas
takalman wasa

las sandalias

takalman sandal

los zapatos

takalma

las botas de goma

takalman roba

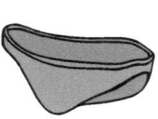

la ropa interior

kamfai

el corpiño

rigar nono

el chaleco

falmaran

el body
jiki

los pantalones
wando

los jeans
jeans

la pollera
dantofi

la blusa
rigar mata

la camisa
karamar riga

el pulóver
riga mai hula

el buzo
hular riga

el blazer
bileza

la campera
jaket

el tapado
kwat

el piloto
rigar ruwa

el traje
kayan yayi

el vestido
kayan sawa

el vestido de novia
rigar aure

el traje

kwat da wando

el camisón

rigar dare

el pijama

kayan barci

el sari

sari

el pañuelo para la cabeza

dankwali

el turbante

rawani

la burka

hijabi

el caftán

kaftani

la abaya

abaya

el traje de baño

rigar iyo

el short de baño

wandon wasa

los shorts

gajeran wando

el jogging

kayan wasanni

el delantal

kyallen aiki

los guantes

safar hannu

el botón

maballi

los anteojos

tabarau

la pulsera

awarwaro

el collar

tsakiya

el anillo

zobe

el aro

dan kunne

la gorra

hula

la percha

maratayin kwat

el sombrero

malafa

la corbata

lakataya

el cierre

zi

el casco

hular kwano

los tiradores

masu daidaita hakori

el uniforme escolar

kayan makaranta

el uniforme

yunifom

el babero

kyallen cin abincin jariri

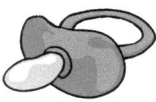

el chupete

mutum-mutumi

el pañal

kunzugu

la oficina
ofis

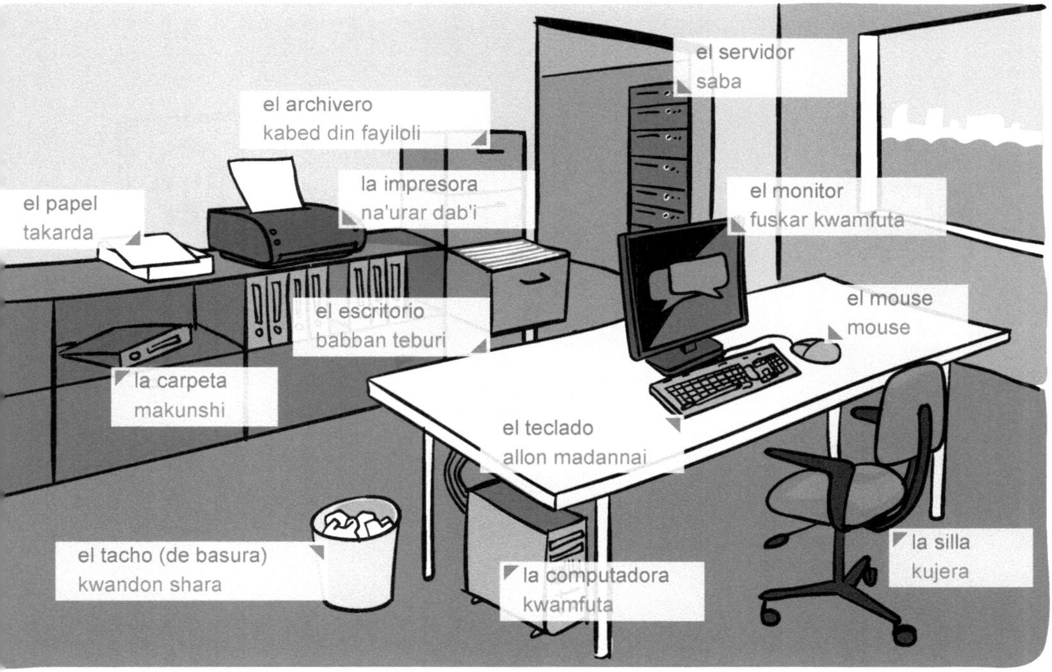

el servidor
saba

el archivero
kabed din fayiloli

la impresora
na'urar dab'i

el papel
takarda

el monitor
fuskar kwamfuta

el escritorio
babban teburi

el mouse
mouse

la carpeta
makunshi

el teclado
allon madannai

el tacho (de basura)
kwandon shara

la silla
kujera

la computadora
kwamfuta

la taza de café

tambulan kofi

la calculadora

kwakuleta

el internet

intanet

la laptop

laptop

la carta

wasika

el mensaje

sako

el celular

tafi-da-gidanka

la red

sadarwa

la fotocopiadora

na'urar hoton takarda

el software

kwakwalwar kwamfuta

el teléfono

tarho

el tomacorriente

jona soket

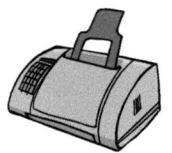

el fax

na'urar faks

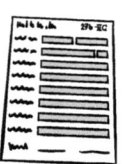

el formulario

fom

el documento

daftari

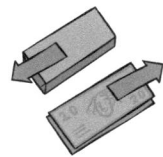

comprar

sayi

pagar

biya

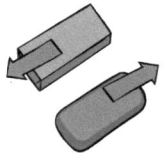

hacer negocios

yi ciniki

el dinero

kudi

el dólar

dala

el euro

euro

el yen

yen

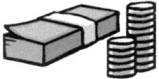

el rublo

robul

el franco suizo

franc na Swiss

el yuan

renminbi yuan

la rupia

rupee

el cajero automático

injin bada kudi

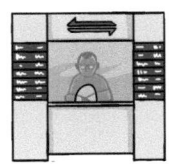

la casa de cambio

gidan canjin kudi

el oro

zinare

la plata

azurfa

el petróleo

mai

la energía

makamashi

el precio

farashi

el contrato

matuntuba

el impuesto

haraji

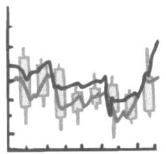

la acción

kaya

trabajar

yi aiki

el empleado

ma'aikaci

el empleador

mai daukar ma'aikata

la fábrica

masana'anta

el negocio

kanti

las ocupaciones
sana'o'i

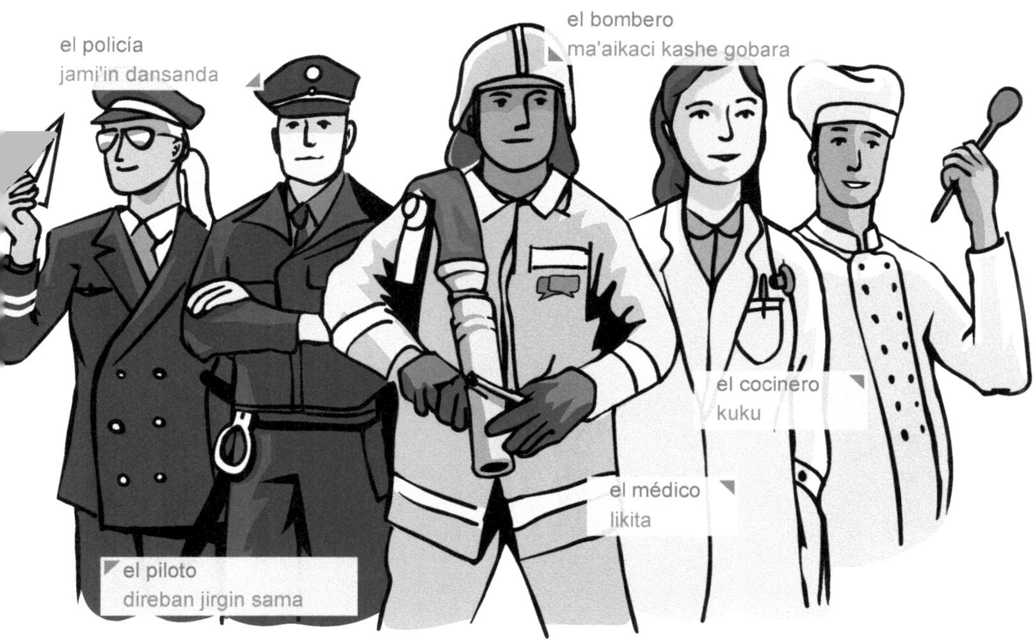
el policía
jami'in dansanda
el bombero
ma'aikaci kashe gobara
el cocinero
kuku
el médico
likita
el piloto
direban jirgin sama

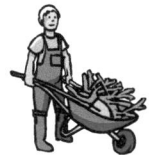

el jardinero

mai aikin lambu

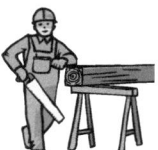

el carpintero

kafinta

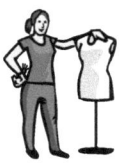

la modista

mace mai dinki

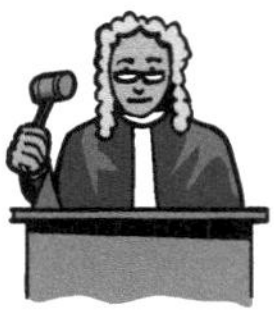

el juez

alkali

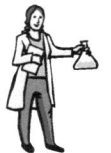

el farmacéutico

mai hada magunguna

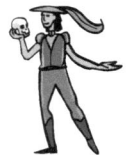

el actor

jarumi

el colectivero

direban bas

el taxista

direban tasi

el pescador

masunci

la mucama

mace mai shara

el techista

mai aikin rufi

el mozo

sabis

el cazador

mafarauci

el pintor

mai fenti

el panadero

mai yin burodi

el electricista

mai gyaran lantarki

el albañil

magini

el ingeniero

injiniya

el carnicero

mahauci

el plomero

mai gyaran famfo

el cartero

mai raba wasiku

el soldado

soja

el arquitecto

mai zayyanar gidaje

el cajero

mai biyan kudi

el florista

mai sayar da furanni

el peluquero

mai gyaran gashi

el cobrador

mai kida

el mecánico

bakanike

el capitán

kyaftin

el dentista

likitan hakori

el científico

masanin kimiyya

el rabino

limamin yahudu

el imán

liman

el monje

mai ibadar kirista

el sacerdote

malamin addini

las herramientas
kayan aiki

la tenaza
filaya
el martillo
guduma
el destornillador
sikundireba
la linterna
cocilan
la llave
sifana

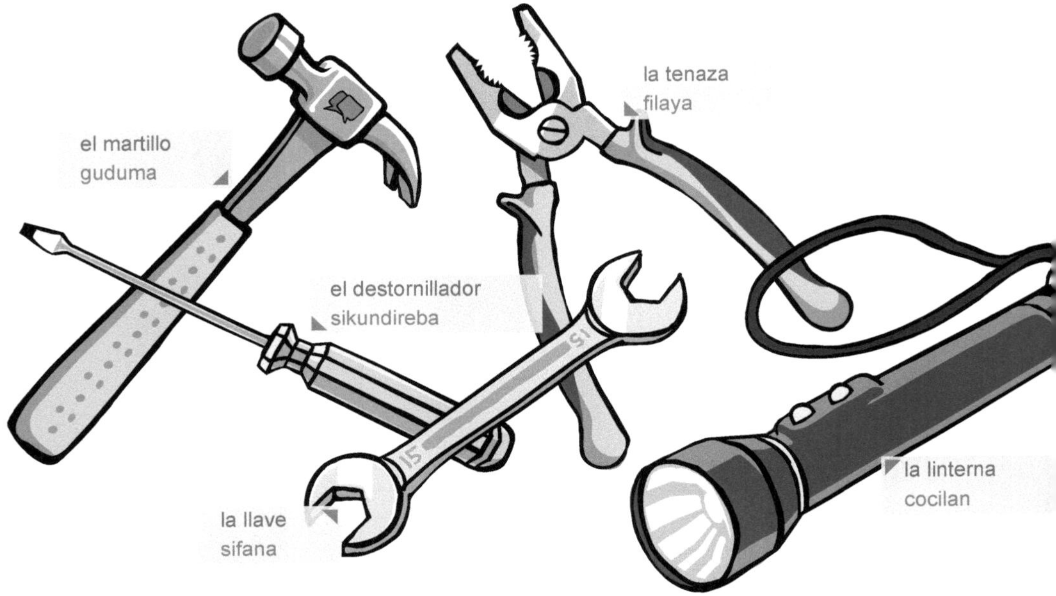

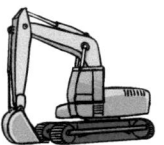

la excavadora

diga

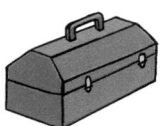

la caja de herramientas

akwatin kayan aiki

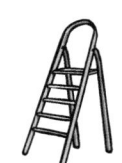

la escalera portátil

tsani

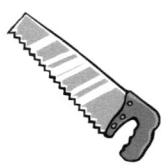

la sierra

zarto

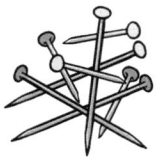

los clavos

kusoshi

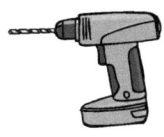

el taladro

abin hudawa

arreglar

gyara

la pala de jardín

chebur

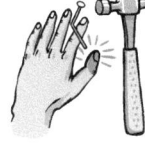

¡Qué bronca!

Tafdi!

la pala de plástico

makwashin shara

el tacho de pintura

tukunyar fenti

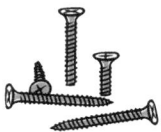

los tornillos

kusoshi masu barima

los instrumentos musicales
kayan kida

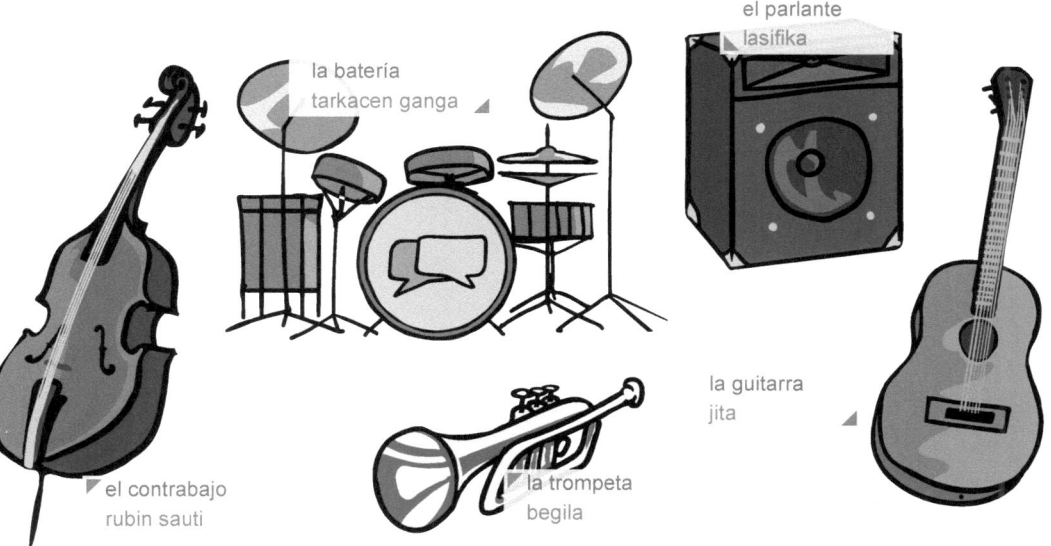

el parlante
lasifika

la batería
tarkacen ganga

la guitarra
jita

el contrabajo
rubin sauti

la trompeta
begila

el piano

fiyano

el violín

goge

el bajo

karamin sauti

los timbales

gangunan timpani

el tambor

ganguna

el teclado

masarrafin fiyano

el saxofón

saxophone

la flauta

sarewa

el micrófono

makirfo

el zoológico
gidan namun daji

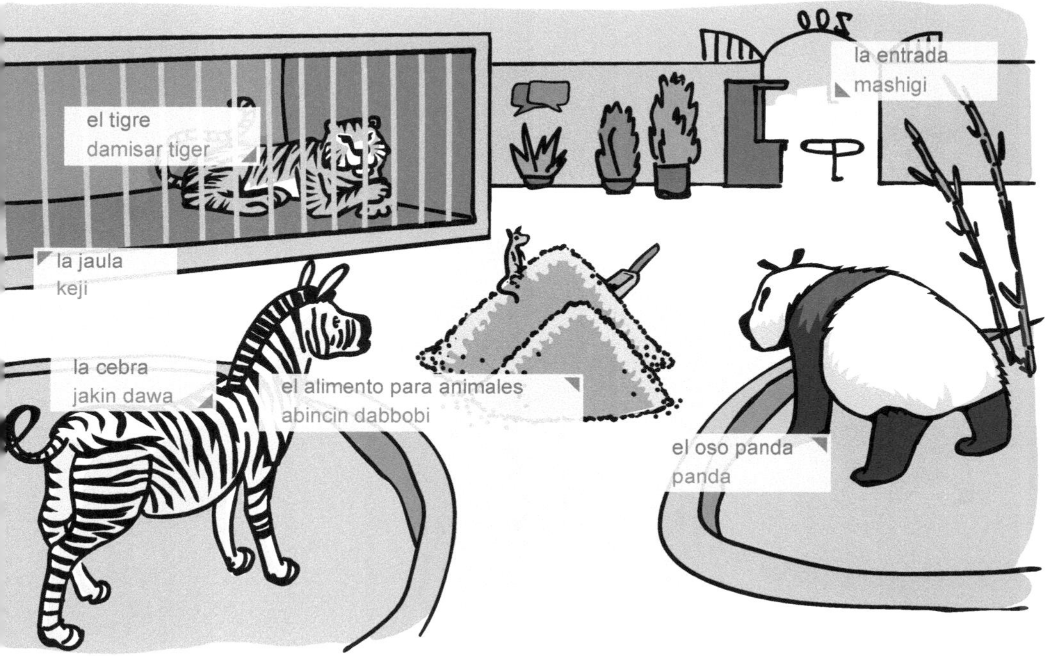

la entrada
mashigi
el tigre
damisar tiger
la jaula
keji
la cebra
jakin dawa
el alimento para animales
abincin dabbobi
el oso panda
panda

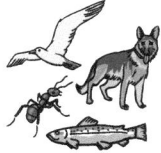

los animales
dabbobi

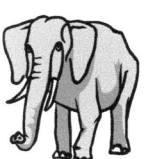

el elefante
giwa

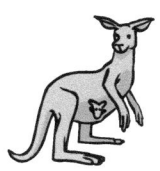

el canguro
babba-da-jaka

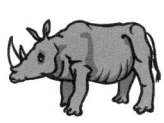

el rinoceronte
karkanda

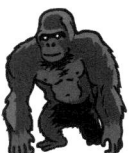

el gorila
goggon biri

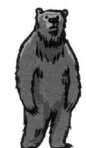

el oso
dabbar bear

el camello

rakumi

el avestruz

jimina

el león

zaki

el mono

biri

el flamenco

dinya

el loro

aku

el oso polar

bear ta yankin kankara

el pingüino

penguin

el tiburón

kifin shark

el pavo real

dawisu

la serpiente

maciji

el cocodrilo

kada

el cuidador del zoológico

mai tsaro zu

la foca

seal

el jaguar

damisar jaguar

el poni

dukushi

el leopardo

damisar leopard

el hipopótamo

mugun dawa

la jirafa

rakumin dawa

el águila

mikiya

el jabalí

aladen daji

el pescado

kifi

la tortuga

kunkuru

la morsa

walrus

el zorro

dila

la gacela

barewa

los deportes
wasanni

el fútbol americano
kwallon kafar Amurka

el ciclismo
tseren keke

el tenis
wasan tennis

el básquet
kwallon kwando

la natación
ninkaya

el hockey sobre hielo
kwallon gora na cikin ka

el boxeo
dambe

el fútbol
....
kwallon kafa

el bádminton
....
badiminton

el atletismo
....
wasannin motsa jiki

el handball
....
kwallon hannu

el esquí
....
wasan kan kankara

el polo
....
kwallon dawaki

62   los deportes - wasanni

saltar
yi tsalle

reír
yi dariya

abrazar
rungumi

caminar
yi tattaki

cantar
rera waka

soñar
mafarki

rezar
yi addu'a

besar
sumbaci

escribir
rubuta

dibujar
zana

mostrar
nuna

presionar
tura

dar
bayar

tomar
dauki

tener

sami

hacer

yi

ser

kasance

estar parado

tsaya

correr

gudu

tirar

jawo

tirar

jefa

caer

faduwa

estar acostado

yi karya

esperar

jira

llevar

dauki

estar sentado

zauna

vestirse

sanya tufafi

dormir

yi barci

despertar

farka

mirar

kalli

llorar

kuka

acariciar

bugi

peinar

taje

hablar

yi magana

entender

fahimci

preguntar

tambayi

escuchar

saurari

beber

sha

comer

ci

ordenar

tattare

amar

yi soyayya

cocinar

dafa

manejar

yi tuki

volar

tashi

navegar

tafi a kwalekwale

calcular

kwakuleta

leer

karanta

aprender

koyi

trabajar

yi aiki

casarse

yi aure

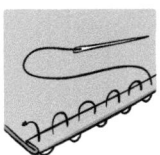

coser

dinka

cepillarse los dientes

goge hakora

matar

kashe

fumar

busa taba

enviar

aika

la familia
iyali

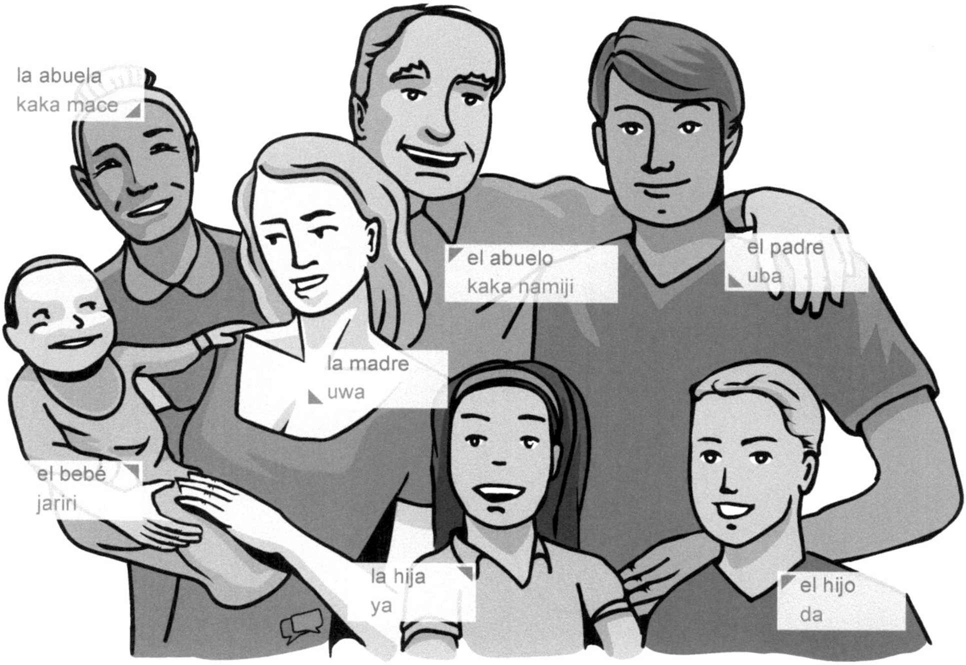
la abuela
kaka mace
el abuelo
kaka namiji
el padre
uba
la madre
uwa
el bebé
jariri
la hija
ya
el hijo
da

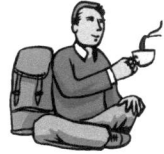

el invitado

bako

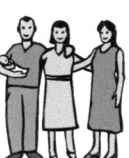

la tía

gwaggo

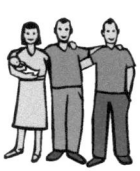

el tío

kawu

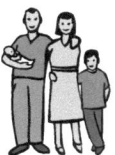

el hermano

dan'uwa

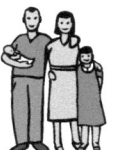

la hermana

yar'uwa

el cuerpo

jiki

la frente
goshi
el ojo
ido
el hombro
kafada
el dedo
yatsa
la cara
fuska
la pera
ha'ba
la mano
hannu
la pierna
kafa
el pecho
nono
el brazo
damtse

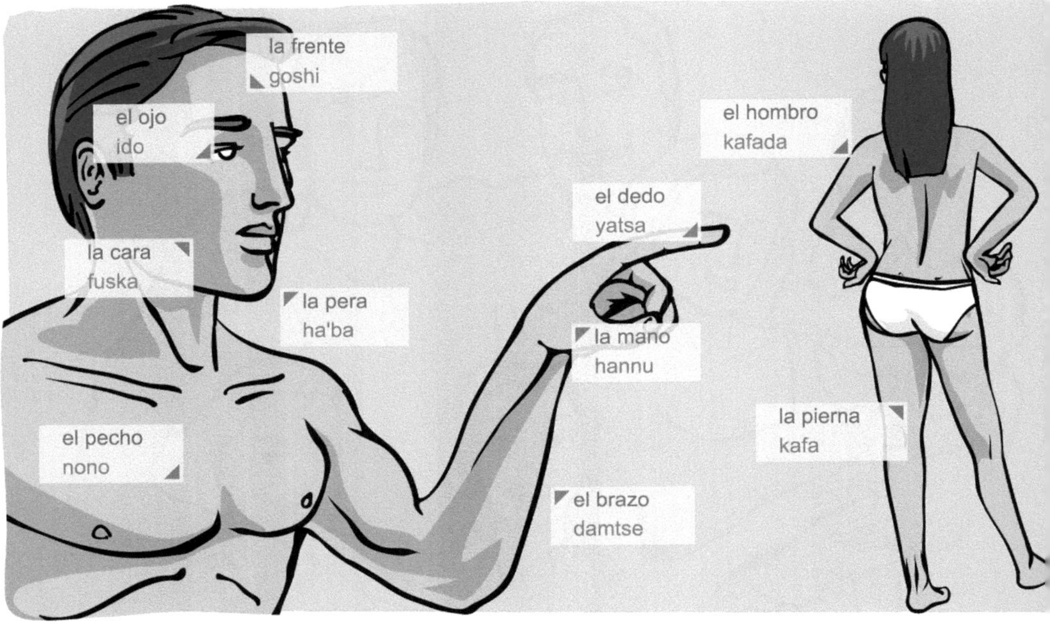

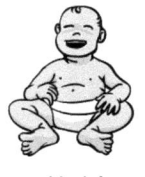

el bebé

jariri

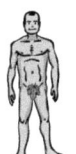

el hombre

mutum

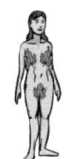

la mujer

mace

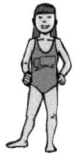

la nena

yarinya

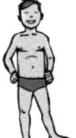

el nene

yaro

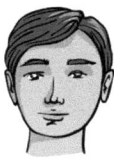

la cabeza

kai

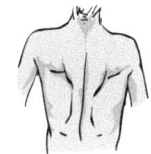

la espalda

baya

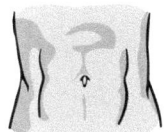

la panza

tulun ciki

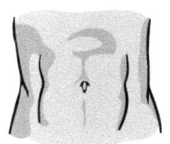

el ombligo

maballin ciki

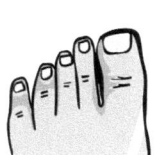

el dedo del pie

yatsan kafa

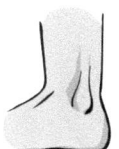

el talón

dudduge

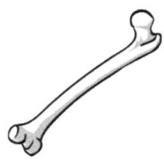

el hueso

kashi

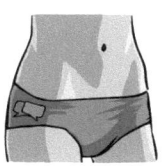

la cadera

kugu

la rodilla

guiwa

el codo

guiwar hannu

la nariz

hanci

la cola

kasa

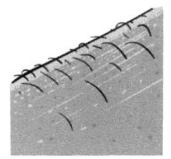

la piel

fata

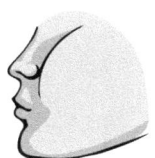

el cachete

kumatu

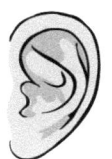

la oreja

kunne

el labio

lebe

la boca

wata

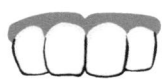

el diente

hakori

la lengua

harshe

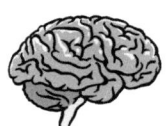

el cerebro

kwakwalwa

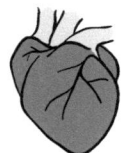

el corazón

zuciya

el músculo

kwanji

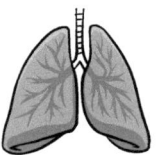

el pulmón

huhu

el hígado

hanta

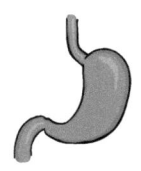

el estómago

ciki

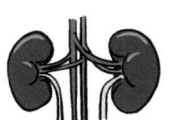

los riñones

koda

el sexo

jima'i

el preservativo

kwaroron roba

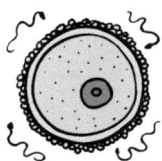

el óvulo

kwan mahaifa

el semen

maniyyi

el embarazo

juna-biyu

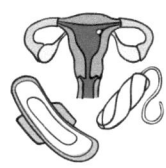

la menstruación
haila

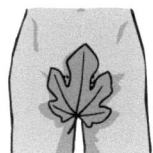

la vagina
farji

el pene
zakari

la ceja
gira

el pelo
gashi

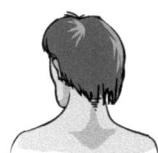

el cuello
wuya

el hospital
asibiti

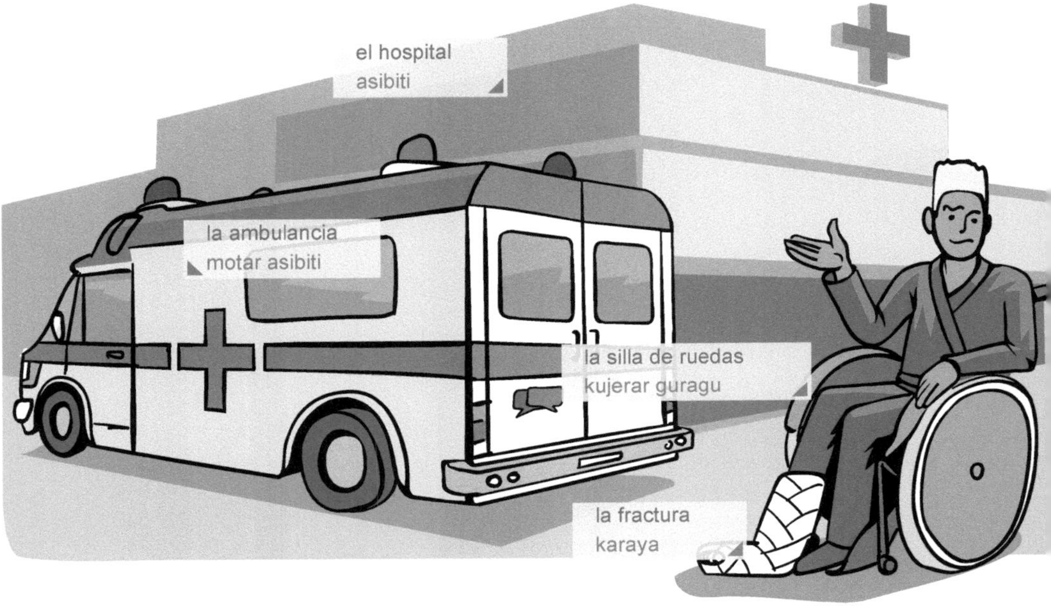

el hospital
asibiti

la ambulancia
motar asibiti

la silla de ruedas
kujerar guragu

la fractura
karaya

el médico

likita

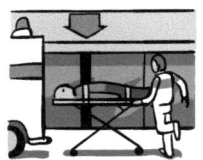

la sala de guardia

dakin kulawar gaggawa

la enfermera

ma'aikaciyar jinya

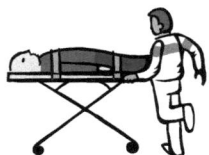

la emergencia

na gaggawa

inconsciente

magashiyyan

el dolor

radadi

la lesión

rauni

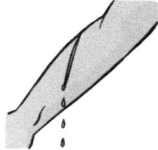

la hemorragia

zubar jini

el infarto

bugun zuciya

el ACV

bugun jini

la alergia

kyan-jiki

la tos

tari

la fiebre

zazzabi

la gripe

mura

la diarrea

gudawa

el dolor de cabeza

ciwon kai

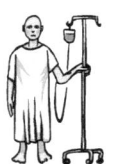

el cáncer

cutar sankara

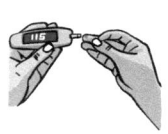

la diabetes

ciwon suga

el cirujano

likitan tiyata

el bisturí

wukar likita

la operación

tiyata

la TC

CT

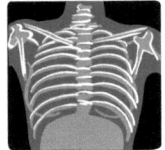

los rayos x

hoton kirji

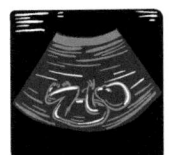

la ecografía

hoton ciki

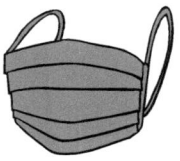

el barbijo

marufin fuska

la enfermedad

cuta

la sala de espera

dakin jira

la muleta

madogari

la curita

filasta

la venda

bandeji

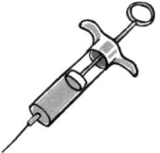

la inyección

allura

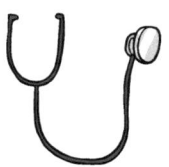

el estetoscopio

na'urar awon zuciya

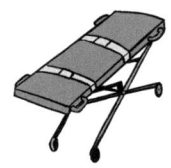

la camilla

gadon daukar marar lafiya

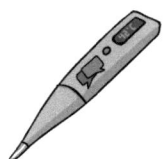

el termómetro

na'urar auna zafin jiki

el nacimiento

haihuwa

el sobrepeso

yawan nauyi

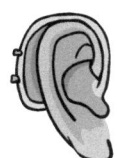

el audífono
abin kara ji

el desinfectante
sinadarin kashe kwayoyin
cuta

la infección
kamuwar cuta

el virus
kwayar cuta

el VIH / SIDA
Cutar Kanjamau

el remedio
magani

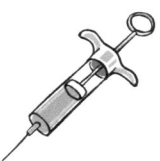

la vacunación
riga-kafi

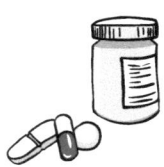

los comprimidos
kwayoyin magani

la pastilla anticonceptiva

magani

la llamada de emergencia
kiran gaggawa

el tensiómetro
ma'aunin hawan jini

enfermo / sano
cuta / lafiya

¡Ayuda!
Taimako!

la alarma
kararrawa

la agresión
farmaki

el ataque
hari

el peligro
hatsari

la salida de emergencia
kofar ko-takwana

¡Fuego!
Wuta!

el matafuego
abin kashe wuta

el accidente
hadari

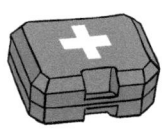

el botiquín de primeros
auxilios
kayan taimakon gaggawa

el SOS
Neman taimako

la policía
dansanda

Europa

Turai

América del Norte

Amurka ta Arewa

América del Sur

Amurka ta Kudu

África

Afirka

Asia

Asiya

Australia

Australia

el Atlántico

Atlantika

el Pacífico

Pacific

el Océano Índico

Tekun Indiya

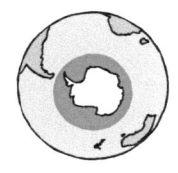

el Océano Antártico

Tekun Antatika

el Océano Ártico

Tekun Arctic

el polo norte

Barin duniya na Arewa

el polo sur

Barin duniya na Kudu

la Antártida

Antatika

la Tierra

Kasa

la tierra

tsandauri

el mar

kogi

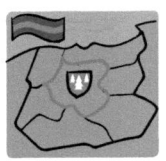

la isla

tsibiri

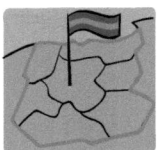

la nación

kasa

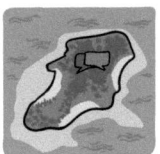

el estado

jiha

la esfera

fuskar agogo

la manecilla de las horas

hannun awa

el minutero

hannun mintuna

el segundero

hannun dakika

¿Qué hora es?

Karfe nawa yanzu?

el día

rana

la hora

lokaci

ahora

yanzu

el reloj digital

agogon dijita

el minuto

minti

la hora

awa

la semana
mako

lunes
Litinin

miércoles
Laraba

viernes
Juma'a

martes
Talata

jueves
Alhamis

sábado
Asabar

domingo
Lahadi

ayer

jiya

hoy

yau

mañana

gobe

la mañana

safiya

el mediodía

tsakar rana

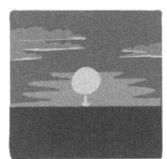

la tarde

yamma

MO	TU	WE	TH	FR	SA	SU
1	2	3	4	5	6	7
8	9	10	11	12	13	14
15	16	17	18	19	20	21
22	23	24	25	26	27	28
29	30	31	1	2	3	4

los días hábiles

ranakun kasuwanci

MO	TU	WE	TH	FR	SA	SU
1	2	3	4	5	6	7
8	9	10	11	12	13	14
15	16	17	18	19	20	21
22	23	24	25	26	27	28
29	30	31	1	2	3	4

el fin de semana

karshen mako

la lluvia
ruwan sama

el arco iris
bakan-gizo

la nieve
dusar kankara

el viento
iska

la primavera
damina

el otoño
Kaka

el verano
bazara

el invierno
lokacin sanyi

4.APRIL	11°	☀
5.APRIL	4°	☁
6.APRIL	13°	☂
7.APRIL	8°	☀
8.APRIL	10°	☀

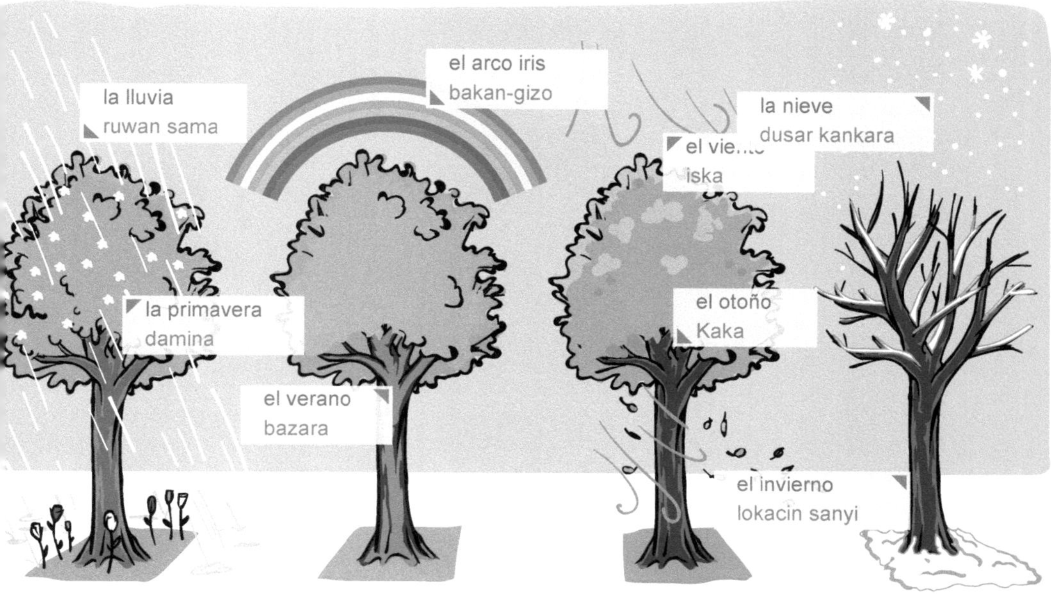

pronóstico meteorológico

....
hasashen yanayi

el termómetro

....
na'urar gwajin zafi da sanyi

la luz del sol

....
hasken rana

la nube

....
gajimare

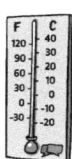

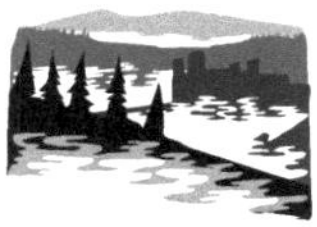

la niebla

....
hazo

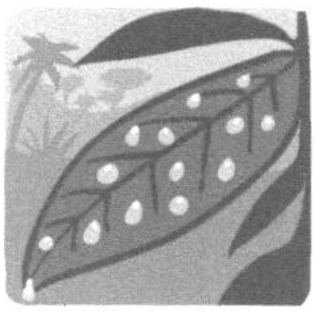

la humedad

....
dumi

el rayo

walkiya

el trueno

aradu

la tormenta

guguwa

el granizo

kankarar ruwan sama

el monzón

iskar bazara

la inundación

ambaliyar ruwa

el hielo

kankara

enero

Janairu

febrero

Fabarairu

marzo

Maris

abril

Afirilu

mayo

Mayu

junio

Yuni

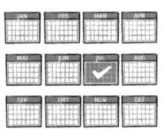

julio

Yuli

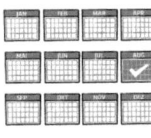

agosto

Agusta

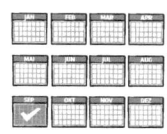

septiembre
....
Satumba

octubre
....
Oktoba

noviembre
....
Nuwamba

diciembre
....
Disamba

las formas
siffofi

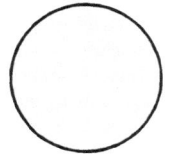

el círculo
....
da'ira

el cuadrado
....
murabba'i

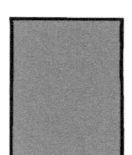

el rectángulo
....
kusurwa hudu

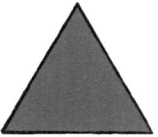

el triángulo
....
kusurwa uku

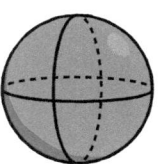

la esfera
....
mulmulalle

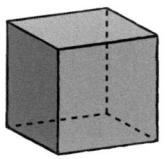

el cubo
....
dunkule

blanco

fari

amarillo

rawaya

naranja

ruwan lemo

rosa

ruwan shanshanbali

rojo

ja

violeta

garura

azul

shudi

verde

kore

marrón

ruwan kasa

gris

ruwan toka

negro

baki

mucho / poco

da yawa / kadan

enojado / tranquilo

fushi / nutsuwa

lindo / feo

kyakkyawa / mummuna

el principio / el fin

farko / karshe

grande / chico

babba / karami

claro / oscuro

mai haske / mai duhu

el hermano / la hermana

dan uwa / 'yar uwa

limpio / sucio

mai tsafta / kazami

completo / incompleto

cikakke / maras cika

el día / la noche

rana / dare

muerto / vivo

matacce / mai rai

ancho / angosto

mai fadi / matsattse

comestible / no comestible

na ci / ba na ci ba

malo / amable

mugu / mai tausayi

entusiasmado / aburrido

mai karsashi / gajiyayye

gordo / flaco

kakkaura / siriri

primero / último

na farko / na karshe

el amigo / el enemigo

aboki / makiyi

lleno / vacío

cikakke / holoko

duro / blando

mai tauri / mai laushi

pesado / liviano

mai nauyi / marar nauyi

el hambre / la sed

yunwa / kishin ruwa

enfermo / sano

cuta / lafiya

ilegal / legal

haramtacce / halastacce

inteligente / estúpido

mai basira / dakiki

izquierda / derecha

hagu / dama

cerca / lejos

kusa / nesa

nuevo / usado

sabo / na-hannu

nada / algo

ba komai / wani abu

viejo / joven

tsoho / yaro

encendido / apagado

kunna / kashe

abierto / cerrado

a bude / a rufe

silencioso / ruidoso

shiru / kara

rico / pobre

mai arziki / talaka

correcto / incorrecto

daidai / bata

áspero / suave

mai kaushi / mai santsi

triste / contento

bakin ciki / farin ciki

corto / largo

gajere / dogo

lento / rápido

a sannu / da sauri

mojado / seco

jikakke / busasshe

caliente / frío

dumi / sanyi

guerra / paz

yaki / zaman lafiya

lambobi

0	**1**	**2**
cero	uno	dos
sifili	daya	biyu

3	**4**	**5**
tres	cuatro	cinco
uku	hudu	biyar

6	**7**	**8**
seis	siete	ocho
shida	bakwai	takwas

9	**10**	**11**
nueve	diez	once
tara	goma	goma sha daya

12

doce

goma sha biyu

13

trece

goma sha uku

14

catorce

goma sha hudu

15

quince

goma sha biyar

16

dieciséis

goma sha shida

17

diecisiete

goma sha bakwai

18

dieciocho

goma sha takwas

19

diecinueve

goma sha tara

20

veinte

ashirin

100

cien

dari

1.000

mil

dubu

1.000.000

el millón

miliyan

yaruka

el inglés
....
Turanci

el inglés americano
....
Turancin Amurka

el chino mandarín
....
Mandarin na China

el hindi
....
Hindi

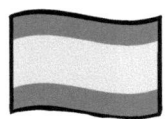

el español
....
Sifaniyanci

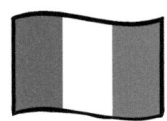

el francés
....
Faransanci

el árabe
....
Larabci

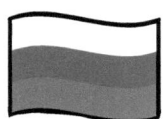

el ruso
....
Yaren Rasha

el portugués
....
Yaren Portugal

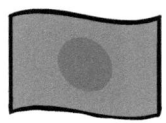

el bengalí
....
Bengali

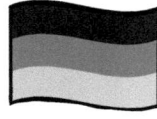

el alemán
....
Yaren Jamus

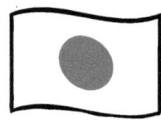

el japonés
....
Yaren Japan

yo

ni

vos

kai

él / ella

shi / ita / ita

nosotros

mu

ustedes

ku

ellos

su

¿quién?

wa?

¿qué?

me?

¿cómo?

ya ya?

¿dónde?

a ina?

¿cuándo?

yaushe?

el nombre

suna

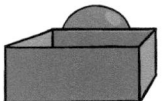

detrás

a baya

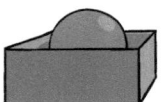

en

a ciki

adelante de

a gaban

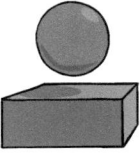

por encima de

saman

sobre

akai

debajo de

karkashi

al lado de

a gefe

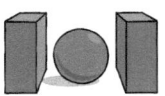

entre

a tsakani

el lugar

wuri